AF279048

20 Centimes

LE RÉSULTAT CERTAIN

DES

ÉLECTIONS GÉNÉRALES

De 1889

PAR

C. - H. - B.

1889

EN DÉPOT ET VENTE EN GROS

Chez le Citoyen F. BRÉGÈRE

10, Rue et Place Guilleminot, 10

PARIS

Le
RÉSULTAT CERTAIN

des

ÉLECTIONS GÉNÉRALES de 1889

Nous mettons au défi M. PASTEUR de recevoir dans son Institut, avec le ferme espoir de les guérir, certains hommes absolument enragés.

Si M. PASTEUR consentait à renouveler sur eux quelques expériences pour prouver que sa méthode est infaillible, il serait plus ou moins surpris d'obtenir un résultat négatif.

C'est que la rage dont il s'agit n'est pas ordinaire en raison de la folie et de la férocité qu'elle inspire à nos législateurs..... que dis-je? à nos maîtres puisque la bave aux lèvres pendantes, les yeux enflammés, les cheveux hérissés, les poings crispés, ils menacent le Suffrage universel en voulant à tout prix condamner et flétrir l'élu d'un million de citoyens.

Peuple, silence ! A genoux devant tes juges ! à genoux en tremblant ! à genoux, humilié et résigné à subir leurs outrages !

Quel crime as-tu commis ? Celui d'avoir voulu, selon ton droit, les remplacer au pouvoir par de plus dignes.

O Peuple, pendant que l'Europe entière admire ta raison, ton bon sens et ton calme, que se passe-t-il au Sénat ? Répondez-lui, vous qui êtes à la fois et ses accusateurs et ses juges !

La rage et la démence de ces hommes n'ont plus de bornes pour outrager, pour provoquer la Nation !

Que sommes nous ? Tout le monde !

Tout le monde !

Quel nombre opposé à l'unité !

Tout le monde, c'est la force, le courage et l'audace inspirés par la justice, par le respect des lois et par l'amour de la Liberté; c'est le Droit quand il impose sa volonté; c'est le géant qui, dans son moindre effort, étoufferait dans ses bras les poitrinaires ayant la prétention de lui dicter des lois; c'est le flot monstrueux devant lequel tout fuit épouvanté; c'est le tonnerre pouvant réduire en poussière les misérables créatures dont l'orgueil consiste à ricaner alors que, par pitié, il gronde sourdement comme pour les avertir du péril dont ils sont menacés.

En résumé, nos législateurs en lutte contre nous, c'est le ruisseau voulant absorber l'Océan!

Ils crient: Victoire!

Victoire parceque le général BOULANGER, ROCHEFORT et le comte DILLON, amis du Peuple et défenseurs de la République, se sont exilés pour échapper à leur haine.

Qu'ils s'illusionnent! Nous n'oublierons jamais que FERRY a fait des génuflexions devant M. de BISMARCK, que CLÉMENCEAU n'a fait qu'une opposition systématique sans vouloir prendre la responsabilité du pouvoir et que JOFFRIN, ex-ouvrier, est renié par les travailleurs; nous saurons nous rappeler que les opportunistes et radicaux n'ont pu nous assurer la stabilité ministérielle, et que les uns et les autres ont voté tour à tour avec les ennemis de la République pour s'arracher le pouvoir.

Le 27 Janvier une élection mémorable a eu lieu à Paris. Elle est résumée dans ce chant ironique qu'on a entendu pendant toute la nuit dans la capitale, ivre de joie:

Frère Jacques, dormez vous?

On peut affirmer que l'infortuné candidat n'a pu fermer les yeux une minute pendant plusieurs nuits, à moins d'avoir pris un narcotique assez fort pour calmer ses nerfs profondément agités.

Jacques est un honnête citoyen, doux et bienveillant, connu dans son quartier pour être le plus serviable des hommes : jamais il ne refuse à personne... ses promesses bien vite oubliées.

Et dire qu'après tant de services rendus aux électeurs de son arrondissement. Jacques n'a même pas obtenu d'eux la majorité !

En vérité, nul, à sa place, ne serait disposé à se mettre en quatre pour les habitants de la paroisse Saint-Pierre ; on comprend les sentiments de reconnaissance que doit avoir pour eux le redoutable concurrent de celui. auquel la France entière, puisque Paris est avec elle, veut absolument confier ses destinées.

La défaite de Jacques serait réduite à ses moindres proportions, si elle n'était que celle d'un homme, obscur liquoriste, quoique Président du Conseil général de la Seine.

Est-ce Jacques que Paris a vaincu ? Est-ce Jacques que Paris a sifflé ? Non. L'Aigle ne s'amuse pas à combattre une mouche : Paris a vaincu, Paris a sifflé la Chambre, le Sénat et l'Hôtel-de-Ville : voilà pourquoi il a tant chanté pendant la nuit du 27 au 28 Janvier :

Frère Jacques, dormez-vous ? pour exprimer sa colère et son ironie aux ministres, députés, sénateurs, conseillers municipaux et journalistes ayant eu l'audace de vouloir lui imposer un can'lidat.

Tous, tous coalisés contre un seul !

Tous, pour cracher à la face d'un soldat couvert de blessures, cette inique expression de leur haine et de leur jalousie : *Pas de Sedan !*

Et que leur a répondu Paris? *Lui et les siens à votre place..... Lui et les siens aujourd'hui... ou demain !*

Comme Paris résiste à tout, qu'il brave et se moque de tout, qu'il est dangereux d'abuser de sa patience, les vaincus n'ont pas osé trop murmurer contre son cruel verdict, ils ont eu l'air de l'accepter, en se réservant une vengeance implacable à l'égard du général BOULANGER.

Quand ils furent convaincus de pouvoir assouvir impunément leur vengeance, les opportunistes et radicaux commencèrent par livrer aux juges nos plus ardents patriotes, amis du général.

La magistrature indépendante n'écouta que sa conscience, et les criminels furent condamnés... à retourner triomphalement chez eux.

Que faire avec des juges capables de confondre les vils calomniateurs? Impossible de faire pénétrer la haine et l'injustice là où ils siègent en noir ou en rouge ! que faire ?

L'infamie et la honte étant réservées d'avance aux calomniateurs, le gouvernement, leur complice, les a désignés pour juger eux-mêmes..., que dis-je? condamner le Général, Rochefort et le comte Dillon.

On ne dira plus que le parlementarisme n'a rien fait !

Depuis qu'il s'est perdu par son impuissance et par ses compétitions, le parlementarisme est capable de tout pour se sauver au risque de compromettre une seconde et dernière fois le sort de la République.

Heureusement, sa démence surveillée par le Peuple, ne peut lui faire accomplir d'autres actes que ceux qui peuvent contribuer à sa chute prochaine !

Une détestable politique basée sur de misérables intérêts particuliers prime chez nous le patriotisme.

Ferry et Clémenceau ont divisé la France en deux camps.

Où est la République? Nulle part. Au lieu d'un régime populaire accepté et soutenu par tous, c'est une couleur différente dans chaque camp fermé aux millions de véritables républicains tenus à l'écart comme suspects !

Encore une fois, où est la République? Au fond des urnes. — Quand en sortira-t-elle? Aux élections générales.

Courage, espoir et patience !

Les enragés qui nous gouvernent avec tant d'arrogance peuvent, sans se faire aucune illusion, croire fermement aux échecs surprenants qu'ils redoutent de nous.

Erreur profonde de s'imaginer que la condamnation du général BOULANGER peut-être le salut du parlementarisme et que le suffrage universel sera vaincu !

Tant mieux que le général BOULANGER et ses amis soient frappés sans miséricorde ! Ils auront au moins cet avantage de jouir en paix à Londres du repos absolu dont ils ont besoin pour exécuter bientôt, selon la volonté du Peuple, ces travaux urgents : 1° abattre d'un seul coup à leurs pieds le parlementarisme flétri par l'indignation populaire ; 2° ouvrir ensuite à deux battants les portes du Parlement aux citoyens irréprochables voulant sincèrement la réconciliation de la grande famille française désunie par la politique de ceux qui, ne pouvant admettre une autre République que celle qui leur réserve exclusivement honneurs et sinécures, combattent à outrance le Parti républicain national. peu disposé à les engraisser davantage à nos dépens.

Qu'il est pénible de descendre du pouvoir avec résignation ! Qu'on est insensé d'hésiter à le faire pour s'épargner la honte d'en être chassé comme un chien malpropre !

Les plus sages avertissements ne feront pas entendre raison à nos maîtres, décidés à traquer l'élu de Paris comme une bête fauve, ne prévoyant pas qu'ils seront heureux de ramper à ses genoux demain !

Faites leur admettre que ceux que nous soutenons sont des républicains éprouvés ! ROCHEFORT n'est-il pas un traître qui nous conduit à la dictature ? A l'inverse de ses détracteurs, les croix qu'il a gagnées pour avoir combattu et souffert pendant plus de vingt ans pour la République, il les a portées, — non sur la poitrine, — mais sur ses épaules qui ont fléchi plus d'une fois sous leur poids écrasant.

Ayant à lui seul plus d'esprit que tous ses adversaires qu'il accable de son ironie ardente, ROCHEFORT peut-il devenir assez fou, au moment de descendre dans la tombe, pour sacrifier sa gloire en trahissant la cause du Peuple?

On peut examiner chacun en particulier les vaillants rangés sous la bannière du général BOULANGER : tous ont des états de service qui les désignent à nos suffrages.

Certes, quand un chef de parti est suivi par ROCHEFORT, NAQUET, LAGUERRE, DE SUSINI, LE HÉRISSÉ, LAPORTE, BORIE, DE MÉNORVAL, etc. etc, ayons une entière confiance en lui comme homme politique et comme soldat, il saura faire honorer la République, et s'il faut conduire un jour la France sur un champ de bataille, ce sera ailleurs qu'à Sedan, son passé en répond !

C'est un grand honneur pour le général BOULANGER d'avoir su se maintenir là où CLÉMENCEAU l'a placé : tout autre que lui, pris de vertige, se serait précipité dans le vide en voulant se rendre compte de la distance prodigieuse qu'il aurait franchie en s'élevant avec une rapidité vertigineuse de la base au sommet perdu dans les nuages.

Si le Parlement était placé sur les tours de Notre-Dame, nous pourrions espérer que nos députés actuels, siégeant à cette hauteur insignifiante, seraient bien vite étourdis et tellement saisis de terreur qu'ils s'empresseraient d'accomplir, pour nous être agréables, le périlleux exercice de faire des culbutes du haut en bas. N'est-ce pas ce qui leur arrive chaque fois que, pour le malheur de la France, ils parviennent au pouvoir ? Incapables de se maintenir un jour entier à une hauteur au-dessus de leur petite taille, incapables de s'élever plus haut, qu'espèrent-ils ? Faire descendre le général BOULANGER du sommet inaccessible où le Peuple l'a élevé et maintenu malgré les abominables calomnies dont eux seuls sont capables de se servir en France,... en France où il n'est permis d'attaquer un adversaire qu'avec une arme sur laquelle brillent ces mots incrustés dans l'acier : *Honneur et Loyauté !*

Les armes dont se servent les ennemis du général BOULANGER sont empoissonnées, ce sont leurs dents envenimées par la rage.

S'il leur prenait fantaisie de mordre un Russe affreusement mutilé par les crocs d'un loup hydrophobe, à coup sûr, le malheureux n'aurait plus qu'à renoncer aux soins de M. PASTEUR ; le seul avantage que pourrait avoir pour le pauvre cosaque la morsure d'un député ou d'un sénateur, serait de le débarrasser bien vite de ses atroces souffrances en l'envoyant à l'instant même dans l'autre monde.

Quoique méchants et dangereux qu'ils sont, la charité nous ordonne de ne pas les abandonner ; nous pouvons, nous devons les soigner avec le ferme espoir de guérir radicalement leur rage, malgré que M. PASTEUR soit convaincu qu'il nous est impossible de faire ce miracle on ne peut plus simple.

Sachant que c'est au pouvoir où nos législateurs actuels sont devenus fous et enragés en travaillant... pour eux comme des nègres sans jamais sacrifier un instant à nos intérêts, empressons nous de les remplacer par d'autres avec la conviction que nous ne perdrons absolument rien dans cette affaire. Si la générosité nous fait un devoir de nous occuper de leur sort après leur chute, n'en soyons pas trop inquiets; tenons compte de ce qu'à pu leur rapporter leur mandat si souvent renouvelé, bien à tort, hélas! qu'ils songent à le rendre héréditaire. Pour le leur reprendre de force nous aurons de la peine, car il est certain qu'ils le tiennent serré entre leurs mains, si serré qu'il nous faudra peut-être leur arracher les doigts.

Que n'ont-ils mis au service de la France une si ferme volonté de défendre ses intérêts comme ils défendent les leurs!

Ils se sont endormis au pouvoir qui grise ceux qui en abusent. Jamais, jamais les contribuables, leurs fournisseurs, ne retrouveront de pareils consommateurs quand ils seront partis!

Après avoir rempli maintes fois et leur ventre et leur bourse, nous trouvons étrange maintenant qu'ils s'y soient habitués, et que, agissant comme des maîtres absolus traités par nous comme des seigneurs, ils puissent penser et dire hautement:

Tout pour nous!

Rien pour la France!

Ce noble langage est en parfaite harmonie avec leur caractère qui n'a de grand que la franchise cinique qui le révèle.

Quand ils seront chassés à coups de fouet des places qu'ils occupent depuis de longues années,

aucun de nous, malgré la plus grande sensibilité.
ne versera des larmes en voyant le Peuple leur
infliger ce juste châtiment beaucoup au-dessous
de leurs méfaits. Seuls, leurs amis et protégés
auront l'envie, mais non le courage de manifester
leur dévouement intéressé au parlementarisme
mis en lambeaux .. par nos terribles bulletins
de vote.

C'est plus que le changement du régime
parlementaire que réclame la France: c'est l'union
de toutes les forces nationales; c'est le triomphe
du patriotisme éclairé sur la politique des basses
rancunes; c'est la réconciliation, et peut-être
même la fusion de tous les partis conservateurs
avec le parti républicain national personnifiant la
raison, la sagesse et la justice de tous les citoyens;
c'est l'avénement du Peuple appelant au pouvoir,
sans aucune préférence, ses enfants les plus ins-
truits et les plus vertueux choisis dans toutes les
classes, et aussi dans tous les partis acceptant sa
souveraineté; c'est l'ordre, la paix, le travail et la
confiance assurés par la stabilité ministérielle
pouvant compter sur une majorité inébranlable;
c'est le réveil du grand Pays ayant accepté autre-
fois un duel gigantesque avec l'Europe entière et
qui est encore capable, non pour attaquer, mais
pour se défendre, de bondir au milieu de la tem-
pête: voilà ce que la France exige en songeant au

présent. et surtout à l'avenir d'autant plus sombre,
que l'Allemagne force l'Europe à rester sous les
armes.

Pauvre France !

Tes glorieuses destinées seraient bien com-
promises sans la chute prochaine de l'affreux
régime parlementaire dont l'un des plus dignes
partisans, l'intègre FLOQUET, a réhaussé l'éclat en
allant tout exprès à Rome manifester ses sympa-
thies au plus insolent ennemi de la France.

M. de BISMARCK est parvenu à nous faire pro-
noncer son nom avec moins d'horreur que celui
de CRISPI ; il réussira peut-être à résoudre un pro-
blème plus grave : nous faire haïr la très-recon-
naissante Italie au point de nous faire oublier
l'Allemagne !

Voyez-vous ce fait inouï dont il est permis
de douter. en raison du patriotisme de celui auquel on l'attribue : FLOQUET dans les bras de
CRISPI ?

N'en exagérons pas l'importance, car la preuve
que FLOQUET a embrassé son ami avec une extrême
modération, c'est que CRISPI a conservé ses joues
intactes, bonnes seulement à recevoir des gifles
de ses concitoyens.

Nous avons FERRY..., quelle gloire !... Les
Italiens ont CRISPI .., quelle chance !... L'homme
dont le patriotisme ardent fait oublier le despo-

tisme, M. de BISMARCK, diplomate habile, ne voudrait pas prendre ces deux gaillards-là comme valets.

Et dire que le parlementarisme a accouché... de FERRY !

Les opportunistes et les radicaux sont satisfaits mais la France ne l'est point, il lui faut autre chose de plus remarquable et de plus intéressant, surtout de plus utile à ses grands intérêts.

Que les camps se dispersent, nous le voulons ! nous ne voulons plus entendre parler d'opportunistes et de radicaux !

Place aux républicains !

Votons tous quand nous le pourrons, en Octobre au plus tard, pour les candidats boulangistes d'accord sur ces principes inspirés par la justice et par la raison :

Tout pour la France et la République ! — Égalité pour tous. — Liberté de conscience. — Oubli du passé. — La préférence au talent et au mérite dévoués sincèrement à la cause de tous. — Protection et secours aux malheureux. — Retraite aux vétérans du travail. — Paix, ordre et liberté dans toute la France. — Relations amicales avec tous les peuples. — Résolution toujours pour défendre nos intérêts et notre honneur; provocation jamais !

Voir mon pays heureux et confiant, n'ayant

plus à redouter les surprises des crises ministérielles et les faiblesses d'un Gouvernement tenu en échec par les minorités ; le voir se gouverner lui-même avec la méthode et la sagesse du meilleur Gouvernement, oh ! plus rien à désirer comme patriote et comme républicain !

Puissent mes fermes espérances se réaliser aux élections générales ! Puissions nous voir le général BOULANGER et ceux qui le suivent remplacer au Parlement nos législateurs actuels.

Vive la France !

Vive le Parti républicain national !

La parole appartient aux électeurs.

Aux urnes !

MAI 1889.

Paris.—Imp. Administrative F. BRÉGÈRE, 10, rue et place Guilleminot.